La mujer de mi vida

ExLibric

REBECA ROF

La mujer de mi vida

EXLIBRIC

ANTEQUERA 2021

LA MUJER DE MI VIDA
© Rebeca Rof
© de la imagen de cubiertas e ilustraciones: Emma Castañeiras
Diseño de portada: Dpto. de Diseño Gráfico Exlibric

Iª edición

© ExLibric, 2021.

Editado por: ExLibric
c/ Cueva de Viera, 2, Local 3
Centro Negocios CADI
29200 Antequera (Málaga)
Teléfono: 952 70 60 04
Fax: 952 84 55 03
Correo electrónico: exlibric@exlibric.com
Internet: www.exlibric.com

ISBN: 978-84-18730-67-2
Depósito Legal: MA-622-2021

Nota de la editorial: ExLibric pertenece a Innovación y Cualificación S.   L.

REBECA ROF

La mujer de mi vida

Soy lo más arriesgado de mi viaje.
Me acecho. Me vigilo.
Me huyo. Me persigo.
Me cazo violentamente.
Me miro cuando no me estoy mirando.
Cuando estoy ausente, allano mi morada,
siempre entreabierta,
siempre a media luz.
Soy todo.

Soy lo que, a veces, soy y, a veces, no quiero ser.

Me acecha.

Me vigila.

Me acecha.
Me huyo.

Me acecha.
Me huye.

Me vigila.

Me acecha.
Me huye.

Me vigila.

Me vigila.

En ruta

Brilla este miedo, se enciende este atrevimiento.
Si me rozas, sin rozarte te aparto. Y sigo.
Yo sola, solo yo.
Sigo siendo la mujer de mi vida.
Yo y mis sueños, donde caben mis complejos,
tan míos como mi cuerpo.
Hoy empezaré a serlo,
sin más retraso, sin más excusas.
No tengo tiempo.

Adorar mi error, fabricar mi suerte: yo la escogeré.
Y si tengo que equivocarme,
yo, la mujer de mi vida, me equivocaré.
Hambrienta, sedienta de mí.
Quiero abrirme la puerta,
entrar y salir
cada vez que quiera,
saludarme amable todas las veces,
enseñando el esmalte de uñas,
a medias, desconchado, de tanto querer mi amor.
Ni de la tuya, ni de la tuya, ni de la tuya.
La mujer de mi vida.

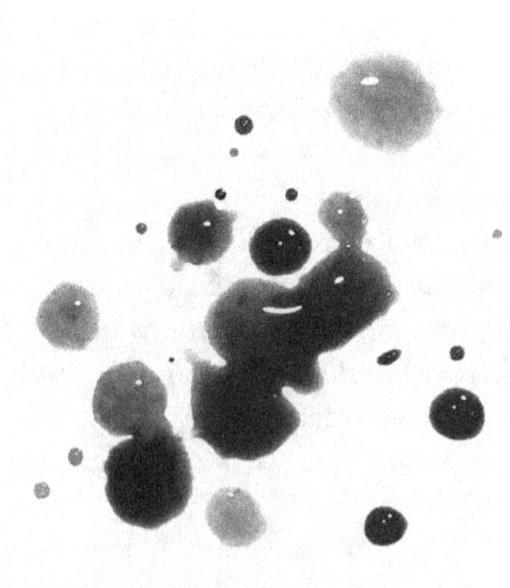

LA MALETA

La cara o el rostro.
Los ojos o la mirada.
Los labios o la palabra.
La mejilla, frente al gesto.
Las orejas, frente al recuerdo.
La frente, frente a la memoria.

Tú contra ti.
Ella contra ella.
Yo contra yo.

Sinfín de la historia.

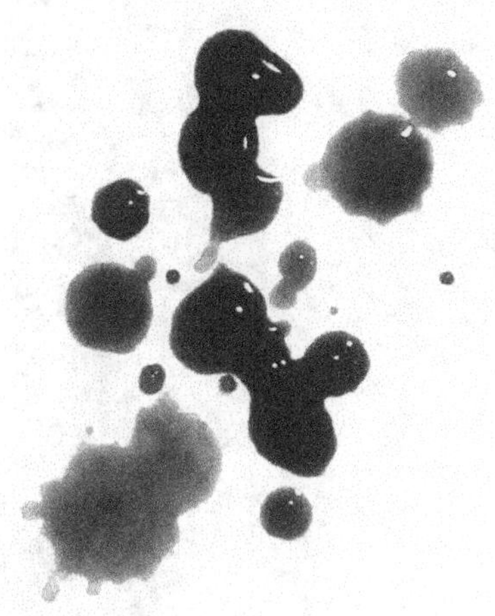

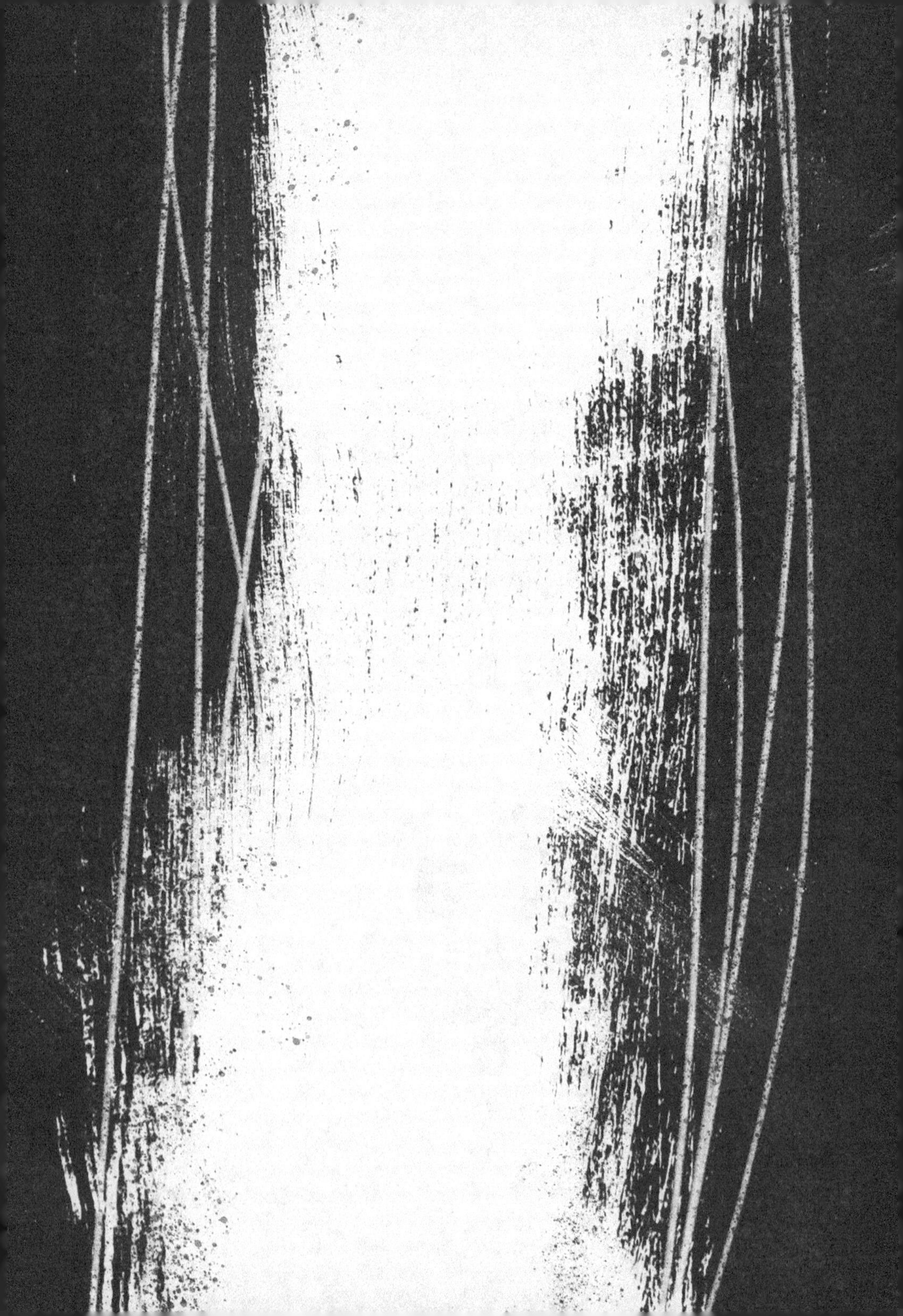

DESTINO

Mirarme al espejo y no verte más.
Desterrarte, mujer poliédrica que me quieres robar.
Despejar el camino que invaden tus infiernos,
ver al fin mi paraíso.
Vivirme, al fin,
en claridad absoluta, en soledad legítima.
Ahogar tu fuego asesino,
encender el mío, incendiarme sin ti.

Incómoda compañera de viaje

Malavenida, por pretenciosa,
tanto adorno…
ególatra, mentirosa.
De veneno lento, así es tu mordida,
hasta que llega la despedida,
el adiós irreversible.
Bórrame de tu agenda, entiérrate.
Bórrame tan fuerte que se mueran los recuerdos.
Todavía cicatriza el último agujero que dejaste en mi ropa,
tu último arañazo en mi corazón. Pero, eso: cicatriza.

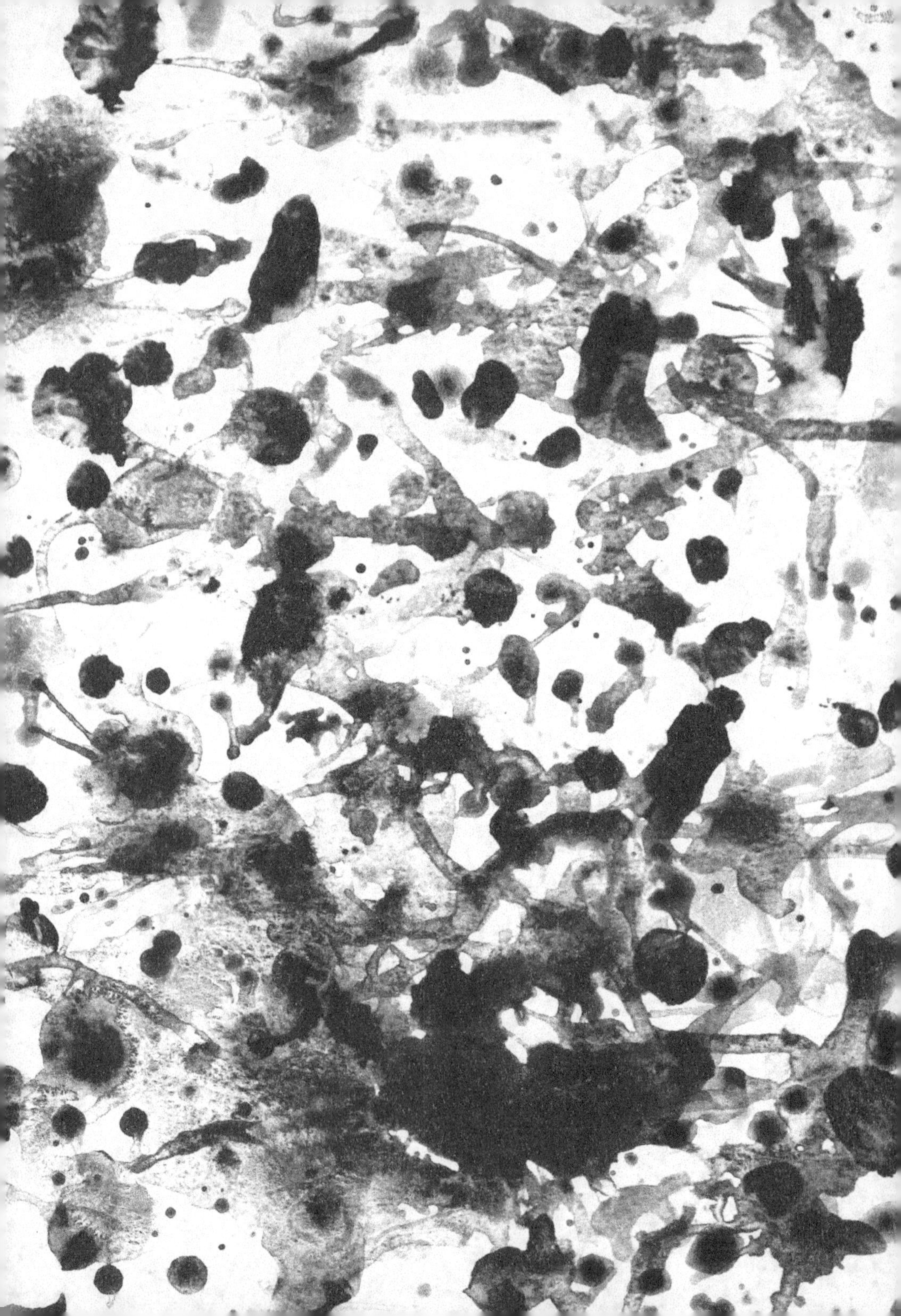

NOS VEMOS, PERO YO LA MIRO

Yo la invité, es cierto. Y también la quise. Y también quise ser ella, y no yo. Incluso en ocasiones, lo fui. La llamé, insistentemente a veces, en voz baja otras. Y nunca me falló. Siempre vino con planes maravillosos de evasión, el bolso lleno de fantasías tan verosímiles, de mundos de plástico envueltos en paquetes preciosos, brillantes. Su mayor defecto, mi vulnerable existencia.

Viajeros curiosos

Míralas, otra vez. Míralas, siempre igual.
Eterna lucha, ir y venir de triunfos y derrotas de carmín.
Cuando brilla la inteligencia, se desvanece la intrusa.
A veces, cuando se esfuma, brilla la mujer, la mujer de su vida.
Paradoja del amor, querer y no querer vivir sin la una, sin la otra.
Combate eterno de dos. Juntas para siempre en un pequeño
apartamento con las ventanas cerradas.

(OSADA COMPAÑERA – INCÓMODA – DE VIAJE)

SOY EN TI, NADA SIN TI. SOLO CONTIGO,
EGOÍSTA ~~~~~~~~ ~~~~~~~~ SEÑORITA MODERNA.
ME RECLAMAS Y ME EXPULSAS DE TU REINO,
Y YA NO SÉ QUÉ PENSAR, AHORA BUSCO
UN CUARTO DONDE ME PUEDA QUEDAR,
DONDE ME DEJES VIVIR. NO ME MATES, POR FAVOR,
NO TE ME ARREBATES ASÍ.

ME ENSEÑAS A SER Y NO ME DEJAS SER.
TODO LO QUIERES SER TÚ, SER TÚ Y SER YO,
SER ELLAS, NOSOTRAS, AQUELLA Y ESTA,
TODAS MENOS TÚ Y, ~~██████~~ A VECES, SOLO TÚ.
NO ME IRÉ SIN MÁS, TENDRÁS QUE ECHARME
A PATADAS, EMPUJARME, CERRAR LA PUERTA CON LLAVE
Y TIRARLA AL FONDO DE TU OCÉANO DE CONFUSIÓN,
DONDE ESTÉ TAN OSCURO ~~██████████████~~
QUE JAMÁS ENCUENTRE EL CAMINO DE VUELTA.

«SÍ, QUIERO»

Fue una mañana. Me comprometí con ella.
Se lo pedí y dijo «sí». Me hizo feliz.
Se tomó su tiempo en darme respuesta,
como se había tomado antes sus años para dejarme.
Nos comprometimos.
Nos comprometimos a dejarnos.
Nos comprometimos a dejarnos vivir.
Nos comprometimos a dejarnos vivir separadas.
Cada una, a su destino. No quiero saber el suyo.
Y le deseo lo mejor: que encuentre su lugar,
lejos del mío.

Y me fui, más ligera de equipaje
que en mis últimas excursiones,
tan infantiles como su propio nombre.
Hasta que llegué, aunque no sé cuánto tiempo
me quedaré aquí.

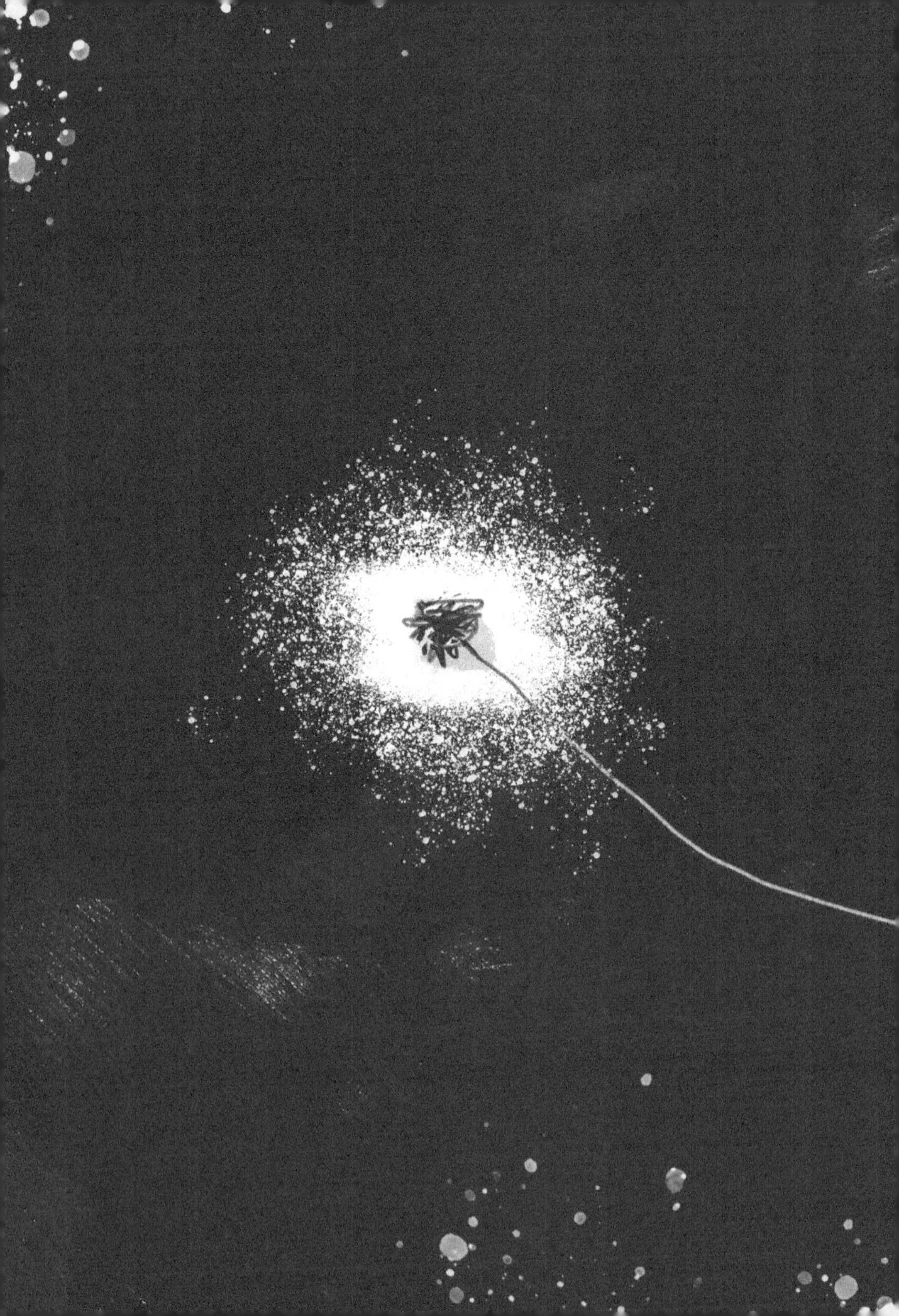

Hola, mujer. Ya estás en casa. Deshaz la maleta y guarda su vacío en el desván al que nunca sube nadie. Estrena tu vestido y sal ahí, donde te esperas con impaciencia, donde te esperan los aplausos sordos de la vida, toda por vivir.

Salúdate amable.

Encontradiza

De golpe,
en las escaleras retorcidas
hasta lo más alto de la noche,
disidencia a pie.
Piel celosa, piel miedosa.
Hola, ¿qué tal?
Como si no lo supieras ya.
Pero ahora que reconozco tu pasión
por venir a buscarme,
te devuelvo mi indiferencia.
Qué más quisiera yo que solo yo.

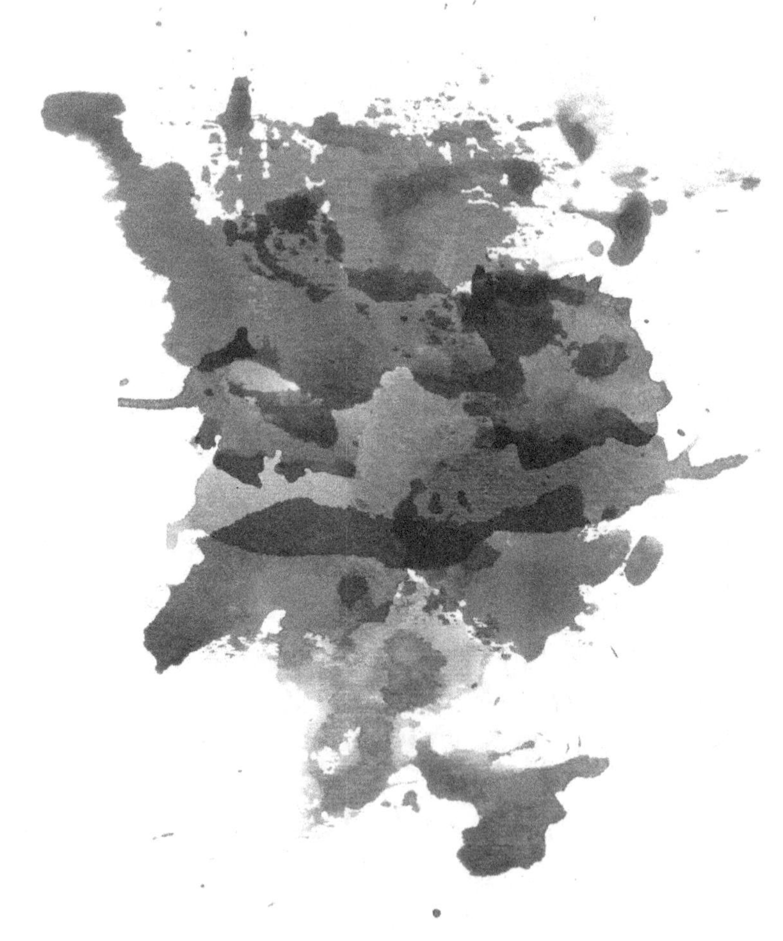

TANTO...

Te he buscado tanto...
En mis días negros y en mis noches de luz blanca,
en mis mediodías, azules como la calma de la playa,
en mis tardes pálidas como el ron de Granada.

Te he buscado tanto...
Tanto como se buscan las llaves de no sabes qué puerta,
en no sabes qué bolso lleno de caminos de ida y vuelta,
de pañuelos de papel olvidados, endurecidos,
como mis ojos, cada vez que te has ido.

Te he querido tanto...
Tanto como se quiere una noche más larga
cuando volver a casa es renunciar.
Tanto como se quiere el día siguiente
en madrugadas de insomnio.
Tanto como a un viernes, cualquier viernes.

Y me has encontrado tantas veces
y abandonado tantas otras que, ahora,
ahora que con tanto cuidado retiro
el velo que cubre tu cara,
no estoy segura de casi nada.

Solo sé que tú y yo,
ella y yo, y nosotras y aquellas,
solo somos pedazos desorientados
que buscan las coordenadas de un mismo cuerpo.

Casi silencio

Después de comer, cuando susurra la televisión,
yo me tiendo en el sofá
y nos entendemos perfectamente.

Oigo las sirenas de varias ambulancias
mientras los vecinos arrastran las sillas y hablan,
y se llaman como si estuvieran a kilómetros de distancia.

Y me gusta, y me mezo en el rumor
que se cuela en mi salón,
en esta rutina de un bloque de pisos del centro
donde yo también hago ruido.

Seguramente ya me he dormido.
Seguramente, con una sonrisa.
Y, cien por cien seguro, solo conmigo misma.

Con la «A»

Con la «a»:
a veces hago lo que quiero,
a veces quiero lo que hago.

Con la «a»:
algunas mañanas corro por las calles,
a tientas, a medias.

Con la «a»:
ahora voy sabiendo que,
a donde voy a ir, no tengo por qué saberlo.

Destino es siempre con «a»:
aquel lugar donde todo empieza,
aquel agujero entre la maleza.

No de mala:
de belleza.

CAFÉ SOLO

Cuánto sabe de mí mi cafetera.

Adivina si no duermo,
si amanecí entera,
si soñé a medias.

Cuánto me conoce este pedazo de acero inoxidable.

Explota si voy tarde,
Tarda si el error es tan grande
como larga la noche de antes.

Cuánto entiende de esta mujer.

Si ardo, arde.
Si lloro, llora café a borbotones.
Si la miro, me pide que no la abandone.

Y entonces, me quedo allí,
mirando si su sangre es tan negra como la mía.
Café solo. Solo café. Más café.

Más fe.
Esa que todas tenemos
y no sabemos en qué.

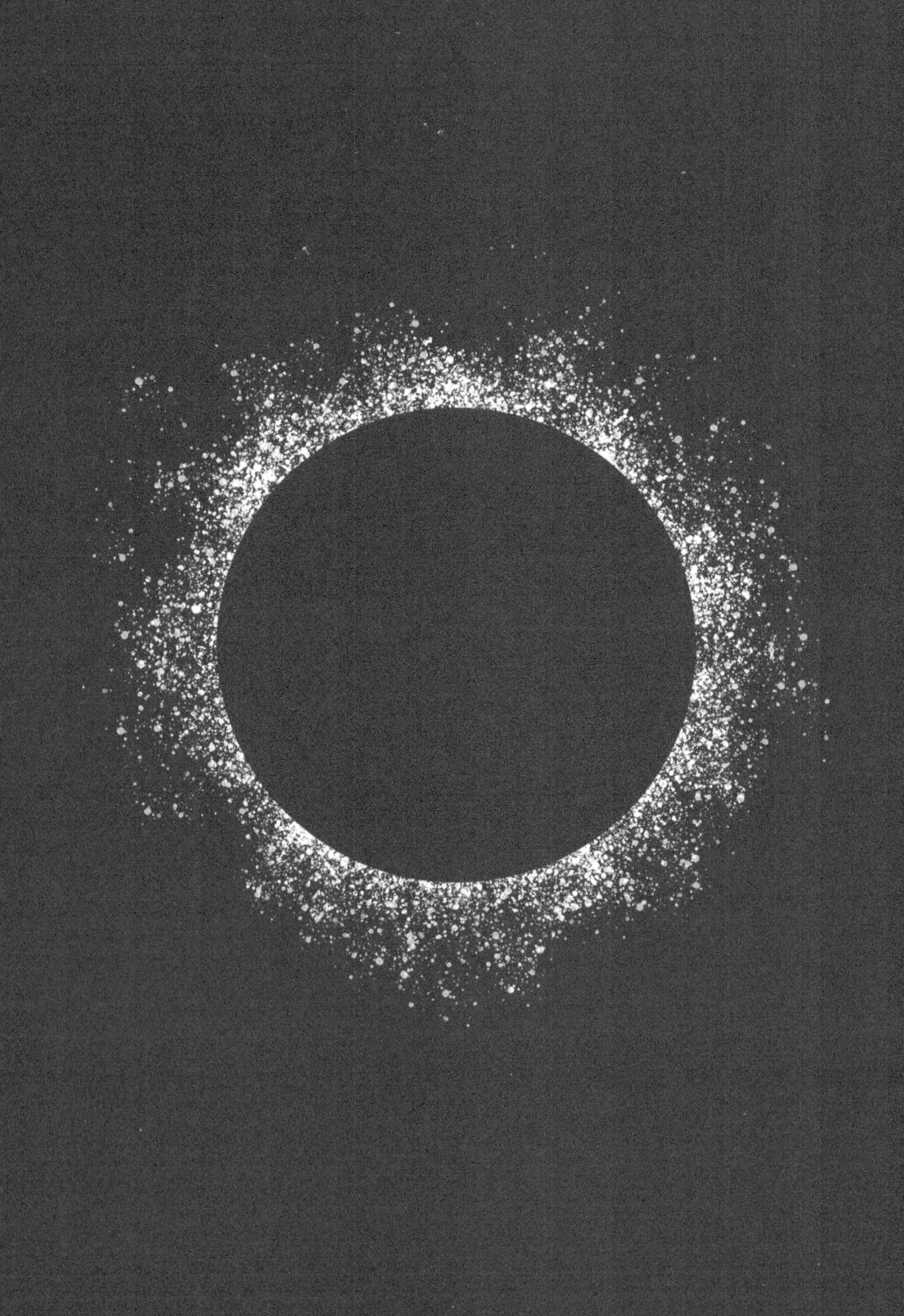

DISTANCIAS

Entre tu cuerpo y el mío
han existido océanos
en los que se ahogaban mi voz y la tuya.
Y la espuma se llevaba mis palabras
como las olas tus caricias,
como su azul nuestras caras.

Entre mi voz llamándote y tu mano sosteniéndome
han pasado las luces oscuras de un eclipse
y solo me veías llamándote en silencio.

Y llegamos a la orilla para hacernos una,
con las algas enredadas en el pensamiento
y la arena arañando nuestras ganas de ser un castillo
arrastrado por las aguas,

ONCE

«Try to see it once my way»
Layne Staley

Si por una vez pudiera no pensar
si bien o mal.
Si por un instante pudiera
dejarme llevar.

Si no me viera desde fuera
por una sola maldita vez,
sería tan solo una mujer,
o una «rejum», al revés.

En todo caso, eso es lo que hay.

ENTRE PAREDES

Me tragaré este invierno
como me engulle la idea
de perderme el venidero.

Me tragaré la tarde fría
como atraviesa mi garganta
mi propia huida.

Me repliego, me acurruco
en un rincón de una cama
en la que nunca yazco del todo.

No me permito demasiadas comodidades,
no vaya a ser que, de repente,
lo que yo quiero me encuentre.

Una empieza un camino y se pierde sin señales.
Y así no hay quien recorra
los pensamientos de vuelta.

Ninfa

Puedo improvisar suicidios
como el que abre la nevera
sin saber si se muere de hambre
o se muere de pena.

Puedo ser Escila hasta provocar al fin mi naufragio.
Y morderme, morderme todos los fracasos
sin darme ni cuenta,
sin hacerme ni daño.

Ya me pesan las cabezas,
me flaquean los tentáculos
para seguir demoliendo barcos
sin hundirme bajo sus cascos.

Seguir improvisando es sensato.
Porque, ¿qué será de la mujer
que nunca ha improvisado
formas temerarias de llegar al otro lado?

¿Qué será de mí
si no pruebo a comerme
un yogur caducado?

Voy a seguir improvisando,
ignorando con el peso de mi indiferencia
a todos los que intenten
rescatarme de mis remolinos.

Querida Virginia

He necesitado más que un cuarto propio y dinero:
he tenido que morirme,
morirme primero, para abalanzarme
después sobre mis versos.

Pero vamos paso a paso,
admirada señora Woolf,
que ahora tengo cuarto propio
y de aquí no me saca ni Dios.

Es una habitación segura
con un gran ventanal a mi autoestima,
como si estuviera amaneciendo
y solo se oye lo que yo estoy diciendo.

Dinero aún no tengo.
Pero quién pone precio
a estos muros míos
que no tienen techo.

He dicho

¿Cómo se pronuncian mis imprudencias?
¿Otra vida, otra mujer?
¿La mujer de antes?
¿La de después?

La duda es rotunda,
es semántica,
ordinal,
geométrica.

Porque si hubo antes una,
y habrá otra después,
¿quién es esta, la que pregunta?
¿Quién será esta mujer?

¿La mediocre,
la de en medio?
¿La centrada,
la tarada?

¿La asustada
o la que aterra?
¿La que se observa
siempre tan de cerca?

La mujer que pregunta
es la que duda.
La que responde,
la que cura.

Cura dudas,
entierra interrogantes.
¿Y no es la misma, entonces,
esta que la de antes?

MUJER AFORTUNADA

Tengo sueño.
Tengo un sueño.
Tengo frío.
Tengo miedo.

Tengo ganas.
Tengo sospechas.
Tengo alegrías.
Tengo penas.

Tengo preguntas.
Tengo propuestas.
Tengo ideas.
Tengo respuestas.

Tengo deseos.
Tengo hambre.
Tengo sonrisas
que regalarme.

Tengo torres de palabras
con las que hago casas de varias plantas.
Recorro los pasillos,
husmeo las esquinas y me siento en los rincones
de las habitaciones.

Merodeo por los cuartos de abajo
y a veces subo a lo más alto,
donde el reloj me amenaza
con dejarlo todo claro.

Tengo prisa.
Tengo que irme.
Mañana volveré con otro cargamento
de palabras que decirme.

Sobre la autora

Rebeca Rof (Granada, 1978) es periodista y redactora creativa. Se licenció en Ciencias de la Información por la Universidad Pontificia de Salamanca, para posteriormente cursar en Madrid el primer Máster en Periodismo de Agencia por la Agencia EFE y la Universidad Rey Juan Carlos. Durante tres años trabajó como redactora de EFE en las delegaciones de Madrid, Londres y Granada, donde se incorporó en 2004 al periódico *Granada Hoy* como redactora cultural. Fue socia fundadora de la agencia de publicidad Inoff, donde ha desarrollado su carrera como *copywriter* y directora creativa desde el año 2006.

Hoy en día trabaja como creativa independiente, compaginando su profesión con la creación literaria en Instagram como @mujeresdenuestravida. *La mujer de mi vida* es el primer poemario de la autora, su primera incursión en el mundo editorial después de muchos años escribiendo en la sombra y siguiendo la autopista asfaltada por todo lo leído, desde un flechazo infantil con «La flor del camino» (*Platero y yo,* de Juan Ramón Jiménez).

www.ingramcontent.com/pod-product-compliance
Lightning Source LLC
LaVergne TN
LVHW041235200726
843507LV00013B/2704